了不起的中国古代科技与发明

張衡

发明水转浑象

KaDa故事 主编

猫十三 著 陈伟工作室 绘

史晓雷 审校

化学工业出版社

·北京·

图书在版编目（CIP）数据

张衡：发明水转浑象/KaDa故事主编；猫十三著；陈伟工作室绘. —北京：化学工业出版社，2024.1
（了不起的中国古代科技与发明）
ISBN 978-7-122-44489-9

Ⅰ.①张… Ⅱ.①K…②猫…③陈… Ⅲ.①张衡（78-139）-生平事迹-少儿读物 Ⅳ.①K826.14-49

中国国家版本馆CIP数据核字(2023)第225735号

责任编辑：刘莉珺　李姿娇　　　　装帧设计：史利平
责任校对：宋　夏

出版发行：化学工业出版社
（北京市东城区青年湖南街13号　邮政编码100011）
印　　装：北京宝隆世纪印刷有限公司
880mm×1230mm　1/12　印张$3^1/_2$　字数50千字
2025年1月北京第1版第1次印刷

购书咨询：010-64518888　　　　售后服务：010-64518899
网　　址：http://www.cip.com.cn
凡购买本书，如有缺损质量问题，本社销售中心负责调换。

定　　价：39.80元

你知道古人是怎么观天象的吗？

聪明的古代科学家不断积累并汲取前人的经验，设计出了很多观测天象的仪器呢！

中国古代的天体观测仪器

很久以前，当人类对变幻莫测的天象感到恐惧时，大多只能求助于神灵的庇佑。后来，人们逐渐发现了日、月、五星和黄道附近星空运行的规律，还发明了确定节令、时间及观测天体的仪器。

日晷

观测日影的计时仪器，主要根据日影的位置来测定当时的时刻，是我国古代较为普遍使用的计时仪器。

水转浑象的发明者

张衡(78—139年)是东汉时期的天文学家、数学家、文学家、发明家、地理学家。他发明了水转浑象和候风地动仪，为中国的天文学和地震学做出了杰出的贡献。

圭表

度量日影长度，用来推定二十四节气的一种天文仪器，由“圭”和“表”两个部分组成。垂直于地面的直杆叫“表”；水平放置于地面，其上标有刻度以测量“表”影长的标尺叫“圭”。

浑仪

中国古代用于观察和测定天体位置的天文仪器，主要由一重重的同心圆环构成，整体看起来就像一个圆球。

浑象

主要由演示天象的圆球和支架两部分构成。圆球一般为铜球，其表面刻画有星宿、赤道、黄道等图案。张衡把浑象和漏刻结合起来，发明了水转浑象，它用漏壶滴出的水控制浑象转动。浑象每转一周是一个昼夜，可以把天象变化形象地演示出来。

浑象与浑仪合称为浑天仪。

天文观测仪器

日晷

古代没有钟表，那靠什么来知道时间呢？主要是日晷。

日晷由晷针和晷面两部分构成，一般坐南朝北地摆在石台上，当阳光照在日晷上时，晷针的影子就会投在晷面上。太阳从东向西移动，投在晷面上的晷针影子也相应地从西向东移动。这个影子就好像现代钟表的指针，晷面则像钟表的表面，什么时间，看一眼它就知道啦！

晷面：一般为石制，圆盘形，上面有刻度表示时间。为了美观，后来也有铜制的。
唉，阴天下雨没太阳，日晷就不灵啦！
师父，现在什么时辰了呀？

晷针：在晷面的正中心垂直穿过的一根杆子。
师父，夜里没太阳，日晷也不管用了。
嗯，这东西，管用的时候其实不多。

一个晴朗的夜晚，张衡、邓将军和崔先生三个人躺在城外的草地上数星星。

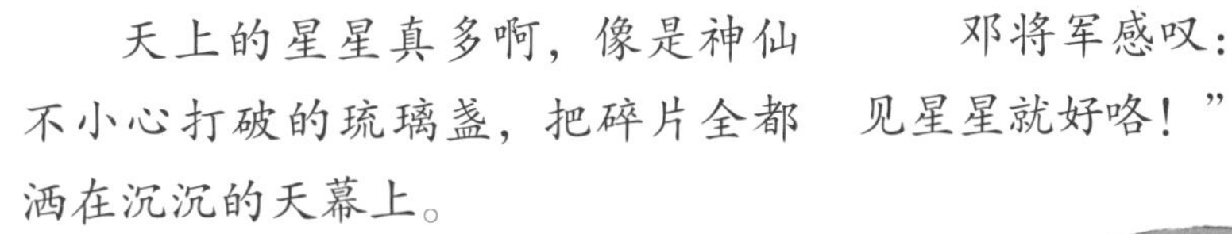

天上的星星真多啊，像是神仙不小心打破的琉璃盏，把碎片全都洒在沉沉的天幕上。

邓将军感叹："要是白天也能看见星星就好咯！"

一个、两个、三个……

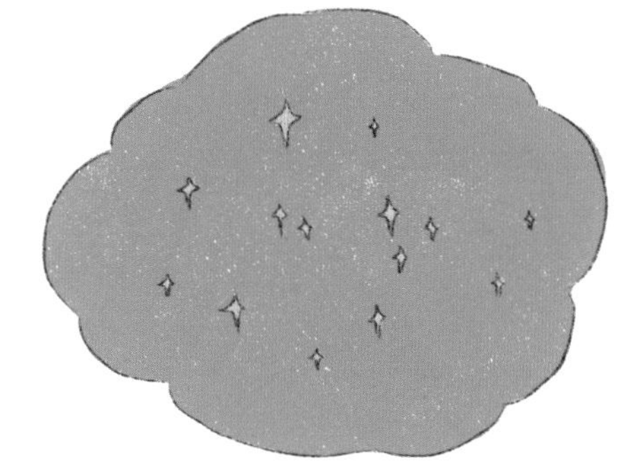

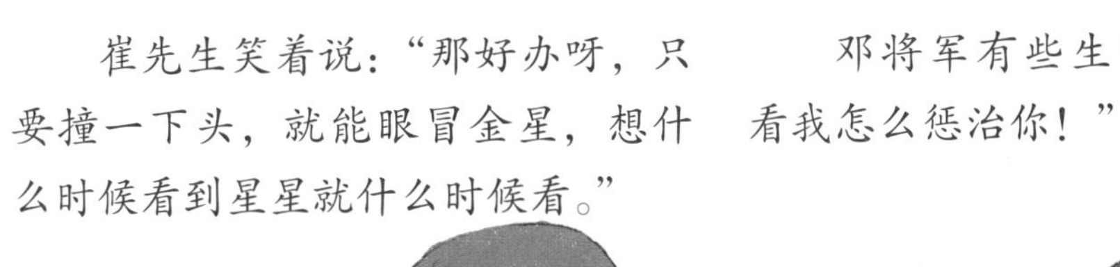

崔先生笑着说："那好办呀，只要撞一下头，就能眼冒金星，想什么时候看到星星就什么时候看。"

邓将军有些生气了："你再说，看我怎么惩治你！"

崔先生委屈地说："开个玩笑嘛，这么认真……"

圭表

天文观测仪器

早在西周时期，便有人发明了一种测定季节和节气的仪器，叫圭表。它由“圭”和“表”两部分组成，平放的是圭，竖直的是表。圭表靠正午时分阳光投射在上面的影子长短变化来确定季节，比单凭自然现象的变化（如树叶的颜色变化）来判断准确得多。

“听说，天其实是一个圆锅盖，太阳、月亮等都贴在这个锅盖上。锅盖会一直转，白天转到有太阳的一面，晚上就转到有月亮和星星的一面。”

邓将军撇了撇嘴：“哼，瞎说！那天要是锅盖，怎么每天星星都不一样多呢？”

崔先生说道：“贴得不牢呗！我还听说，地是方方的土堆，四面都是有角的。没准儿天转到角那里，把星星不小心蹭掉了呢？”

邓将军更不服了：“你可得了吧！哪个圆的东西能把方的东西盖紧的？不信，你拿个饭碗盖砖头试试。”

“可是人家就是这么说的！”崔先生越说声音越小，最后没动静了。

邓将军指着天上的星星，说：“要我说，这天啊，其实就是气，太阳、月亮和星星都是浮在这些气里的。”

我在这儿呢！
您来得早啊！
表：直立于平地上测日影的标杆或石柱。
小馋猫，猪要过年才能杀了吃呢。
看影子的位置，今天应该是夏至。
妈妈我想吃肉。
圭：正南正北方向平放，测定表影长度的刻板。

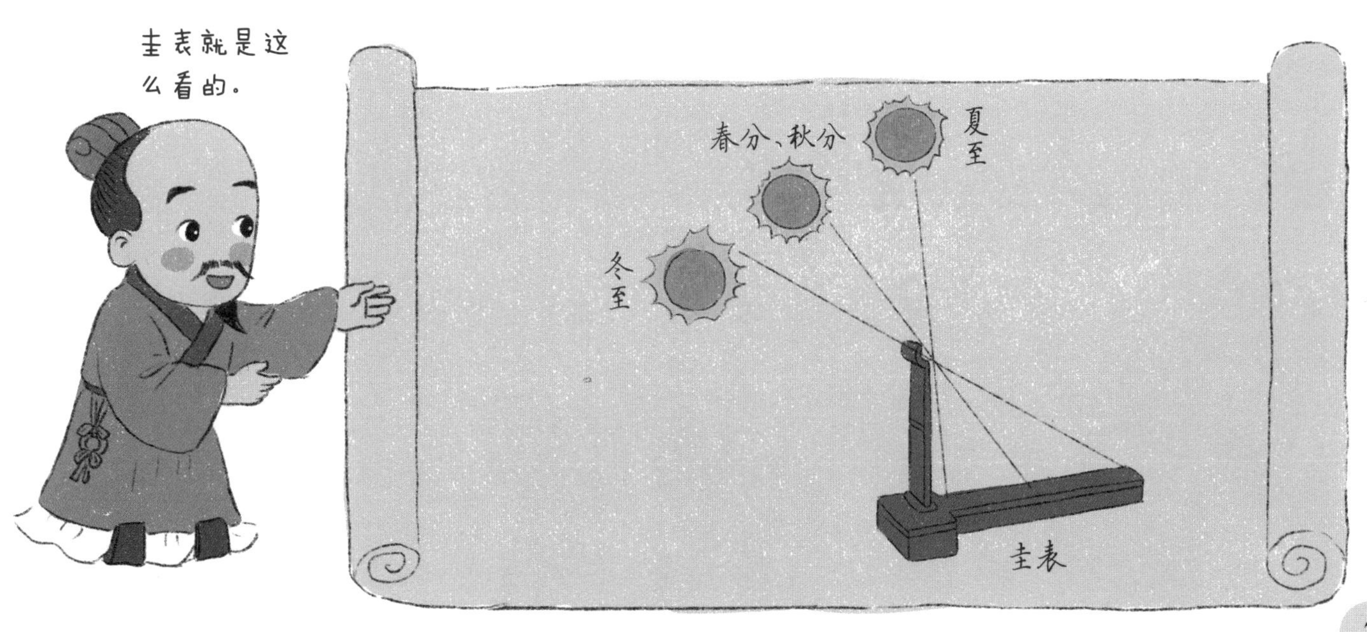
圭表就是这么看的。
春分、秋分
夏至
冬至
圭表

天文观测仪器

浑仪

因为地球在不停地自转和公转，天上的星星从地球上看来，位置并不固定，而是按照一定的规律在移动。浑仪就是古人用来观测星星位置的一种仪器。

浑仪是以“浑天说”为理论基础制造的，它由一重重同心圆环和瞄准器（窥管）以及对应的坐标系构成，整体看起来像是一个圆球。

哎，这个环好像做大了。
可不是嘛，估计是新来的把数算错了。
这位兄弟，请问这个小竹棍是什么？
这些小竹棍就是算筹，用算筹计算结果更准！

崔先生吓了一跳，赶紧举起一块大石头挡在脸上。

邓将军奇怪道：“喂，你干吗？”崔先生微微移开石头，露出一只眼睛：“你不是说天是气吗？我怕星星掉下来砸到我。”

邓将军一巴掌拍在脑门上：“笨蛋，星星怎么会掉下来呢？它们就是一些会发光的气体。”

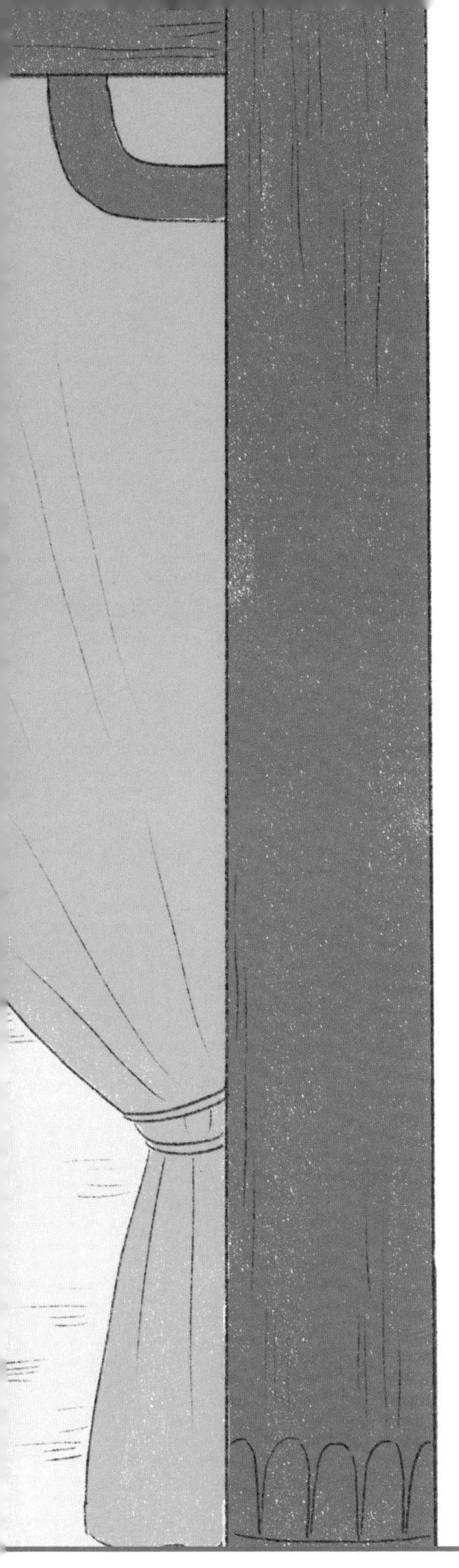

中间的那根金属管叫窥管，它里面是空的，从这一头可以看到那一头夜空里的星星，这样就可以把视野范围内的星空缩小，更精确地得到天体的位置。

“正因为它们都是气，所以才在天上飘来飘去。你看那个月亮，这半天都已经从这边飘到那边去啦。”

听到这里，崔先生不禁撇嘴道：“哼，净瞎说！要真都是气，它们怎么可能每天都老老实实地走同一条路啊？”

邓将军两只手叉着腰，说：“就是气！就是气！”崔先生也不甘示弱：“是锅盖！是锅盖！”

中国古人的宇宙观

要想深入了解古代的天文观测仪器，就要先了解古人是如何看待宇宙的，也就是古代的宇宙观。古时候没有发达的仪器，观测天象只能靠肉眼去看，对宇宙的理解也只能以简单的感悟为基础。在张衡之前，中国人对宇宙的解释可以大致分为三种：盖天说、宣夜说和早期的浑天说。

盖天说：天是圆的，地是方的，天像盖子一样笼罩着平坦的大地，而且天永远在地之上。

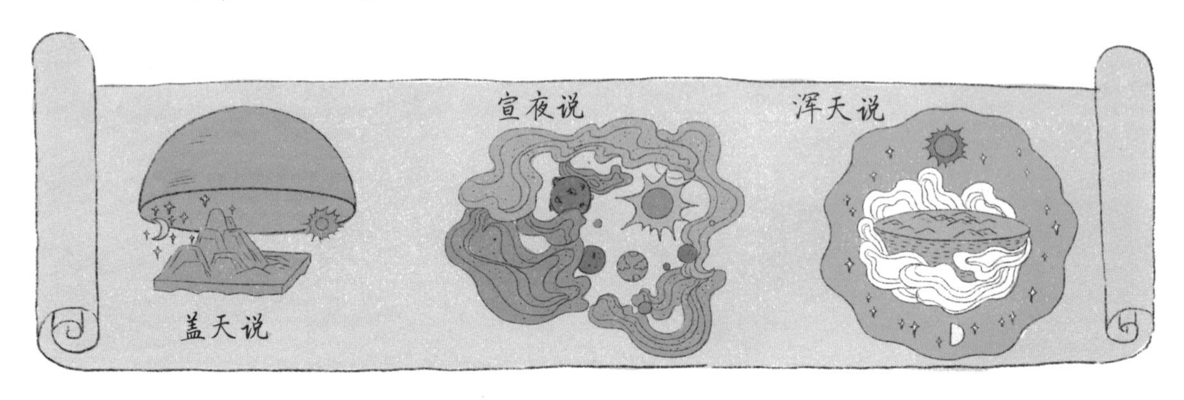

邓将军推了一把一直都没说话的张衡："喂，你说，天是什么？"

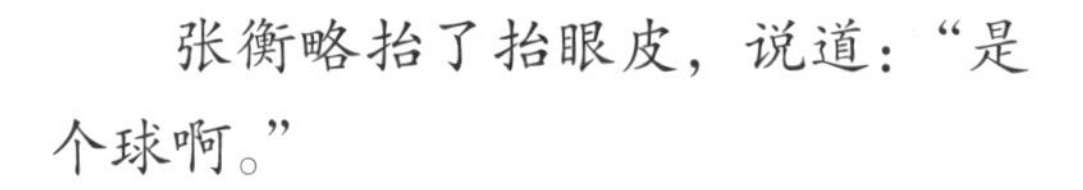

张衡略抬了抬眼皮，说道："是个球啊。"

邓将军瞪着两只眼睛："嘿，我说张衡，你怎么说脏话呢？"

张衡嘻嘻一笑："我没说脏话呀，你不是问我天是什么样的吗？我就给你打个比方。"

张衡见邓将军和崔先生直勾勾地盯着自己，便也慢悠悠地坐起身子，仰望着星空。

"这天啊，就好像一个弹丸一样，把地包在里面，其实跟鸡蛋差不多。"他伸出手比画着，"天是蛋壳，地是蛋黄，中间有很多水和气是蛋清，我们相当于生活在蛋清里。"

宣夜说：宇宙是无限的，天被无边无际的气体所笼罩。而地球和日月星辰一样，都是太空中的天体，飘浮在气体之中。

早期的浑天说：起源于战国时代，随着时间的推移不断变化。这种学说大致可以概括为：天将地包裹在里面，日月星辰在其中，并在一定的轨道上运行。

张衡的浑天说：天是一个圆球，像一个鸡蛋，地则像一个蛋黄。天大而地小，天球底部还有水。天靠气支撑着，地则浮在水面上。

天和地的关系，就像蛋壳和蛋黄的关系。

水转浑象

天文观测仪器

东汉时期，天文学家张衡根据自己提出的浑天说发明了一种天文观测仪器——水转浑象。

他认为，当我们站在地面上抬头望向天空时，展现在我们眼前的景象看上去很像一块巨大的球形幕布，这个“球”叫作“天球”，星星是分布在它上面的图案。随着地球的转动，天球上的星星也在按照一定的轨迹转动。水转浑象其实就是在模拟星星运动时的样子。不过，要理解浑象具体该怎么看，首先要明白一些概念。

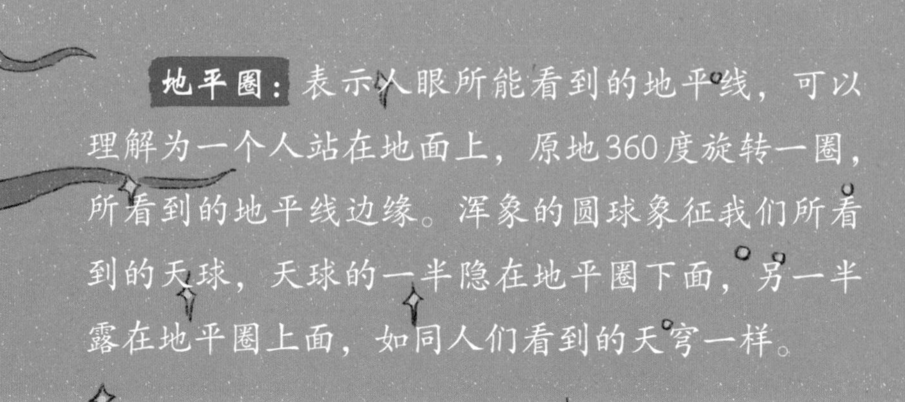

地平圈： 表示人眼所能看到的地平线，可以理解为一个人站在地面上，原地360度旋转一圈，所看到的地平线边缘。浑象的圆球象征我们所看到的天球，天球的一半隐在地平圈下面，另一半露在地平圈上面，如同人们看到的天穹一样。

“天这个大蛋壳呀，在地外面一圈一圈地转。天上的星星呢，也就跟着天一圈一圈地转……”

他伸出手指，从这一头指到那一头，又从那一头指到这一头。邓、崔二人的脑袋也跟着他的手指摇来摇去。

“它们每转一个大圈就是一天，今天转过去的星星，明天还会转回来。”

张衡指着星星解释着，星星也眨着眼睛，好像在同意张衡刚才说的话。

“你看它们，现在在这一面，等到后半夜呢，就会转到另外一面。天亮了，又转到地下面去，就看不见它们啦。”

邓将军挠挠后脑勺说道：“那按你的意思，明天晚上，这些星星还会出现在原来的位置，而且还继续这么转圈圈？”

浑象的观察：在浑象的圆球上，不同的天体，都有自己的运动轨迹。天体沿着各自的轨迹周而复始地运动。浑象上的天体模拟的就是人肉眼所看见的天球运动。
赤道：是地球南、北两个半球的分界线，它所在的平面通过地心，与地球的自转轴垂直。
北极点：指地球自转轴穿过地心与地球表面相交，并指向北极星附近的交点。
月亮上要是真有嫦娥仙子就好了……

太阳

浑象上的黄道

浑象上的黄道指的是太阳在天球上运行的轨迹，运行一周就是一年的时间。这里的黄道与我们常说的“黄道平面”并不是同一个概念。黄道平面指的是地球围绕太阳公转一年所形成的平面，与地球赤道平面的夹角约为23°26′，这个夹角被称为“黄赤交角”。

水星：太阳系的八大行星中最小的行星，也是最靠近太阳的行星，整个太阳系中它的运行速度最快。

水星

“没错！”张衡说，“只是每天都会比前一天再提前一点点。”

崔先生的眼睛里缀满了星光，都不知道神游到哪里去了。

邓将军却哼了一声道：“胡说八道！你说提前就提前啊？谁知道这是不是真的！”

金星：表面温度可达到467℃，是太阳系中最热的行星。

金星

火星

土星：主要由氢气组成，是气态的巨行星。它有美丽的光环。

土星

火星：太阳系中仅次于水星的第二小的行星，绕太阳公转一周需要687天。

海王星

海王星：太阳系中已知的离太阳最远的大行星，其大气中含有微量的甲烷，这是它肉眼看起来呈蓝色的原因之一。

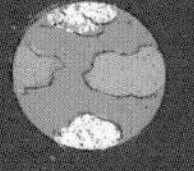

地球

地球公转：指地球按一定轨道围绕太阳转动，公转时间为一年。地球公转是太阳引力场对地球产生引力而造成的。

天王星

天王星：太阳系中大气层最冷的行星，最低温度为－224℃。

木星

木星：太阳系中体积最大的行星。它是太阳系中拥有卫星最多的行星。截至2023年2月，已证实的卫星有92颗。

按照离太阳的距离从近到远，八大行星依次是：水星、金星、地球、火星、木星、土星、天王星、海王星。

“尺子我没有，不过，我有比尺子更好的东西，能告诉你这满天的‘饭粒子’是怎么转的。”

“哼，我才不信呢！”邓将军一口吐掉嘴里含着的草棍，“你要真有这么神，我就跟你姓！”

张衡哈哈大笑道：“好啊，张将军，明天这个时候，你在这里等我！”

二十八星宿

我们观察浑象，可以看到很多用线段连在一起的星星，它们一组一组被划分开来，共有二十八组，称为“二十八星宿”，每一组星宿都有属于自己的名字。

二十八星宿分布在东、南、西、北四个方向，每个方向各有七宿，这四个方向的七宿统称为“四象”，也就是：东方苍龙、南方朱雀、西方白虎、北方玄武。

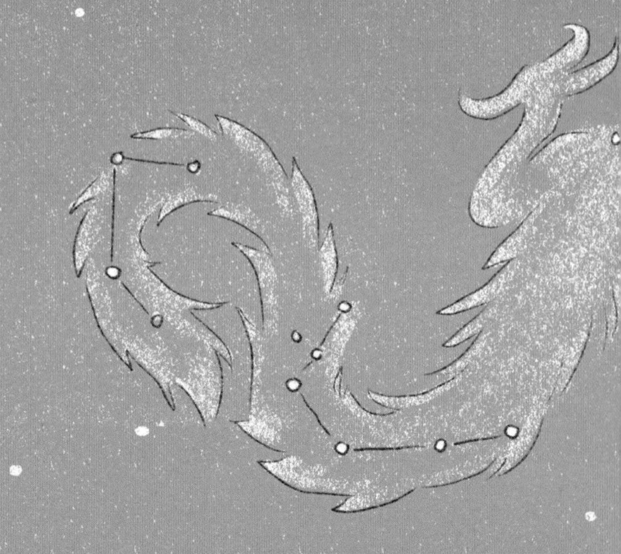

星星为什么会发光？ 共有三种情况：第一种情况是星星本身会发光，只是因为距离地球很远，所以肉眼看上去都很小，这种星星叫恒星；第二种情况是由许多恒星聚在一起组成星团，这些星团自然也会发光；第三种情况是数量非常少的行星，它们本身不会发光，只是反射了太阳光，所以在我们看来它们也是发光的。

小宝你看，那些星星排在一起像不像一条龙？
像条蛇，哈哈！

第二天傍晚，邓、崔二人，还有十里八村所有好奇的小伙伴全都跑到城外来围观，准备看张衡的笑话。

人们议论纷纷：张衡真的能造出量星星的东西吗？

天色渐渐暗了，隐隐约约地，东方出现了几颗闪烁的星星。

夜幕渐渐沉下来，天上的星星越来越多，地上的人们也越来越不耐烦。

人群旁边的空地上放着一个用破布蒙着的东西，不仔细看，还以为是块大石头。

过了许久，张衡还是没有现身。

恒显圈和恒隐圈

浑象上还有另外两个圈圈，这两个圈圈分别叫“恒显圈”和“恒隐圈”。恒显圈的范围是某些星象在一年四季，甚至白天都能被看到的地方；相对应地，恒隐圈的范围就是某些星象永远也不能被看到的地方。两圈中间的范围则叫作“出没星区”，意思就是在这个区域某些星象在某些时间能看见，而在某些时间又看不见。

在地球的南、北两极，始终只能看到半个天空，这半个天空的所有天体与地平圈平行转动，不会升也不会落，而另一半天空的所有天体则永远也看不到。因此，南北两极拥有地球上最大的“恒显圈”和“恒隐圈”。

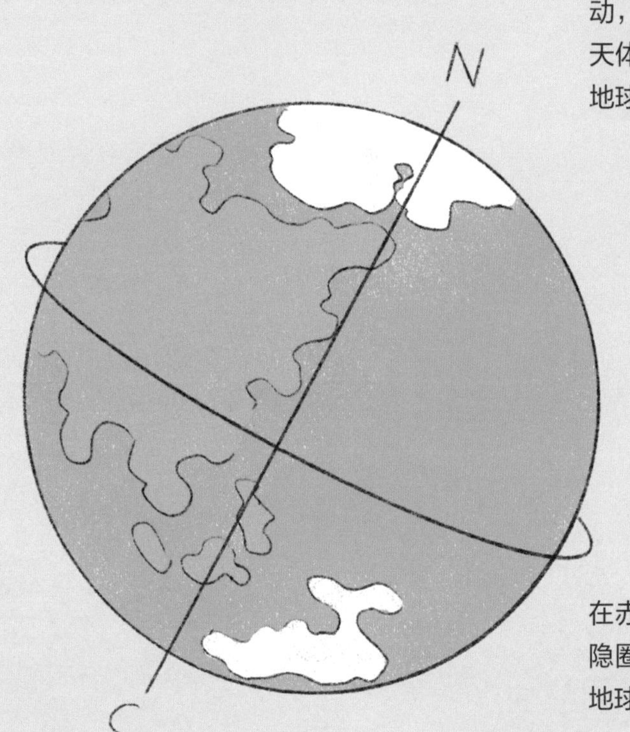

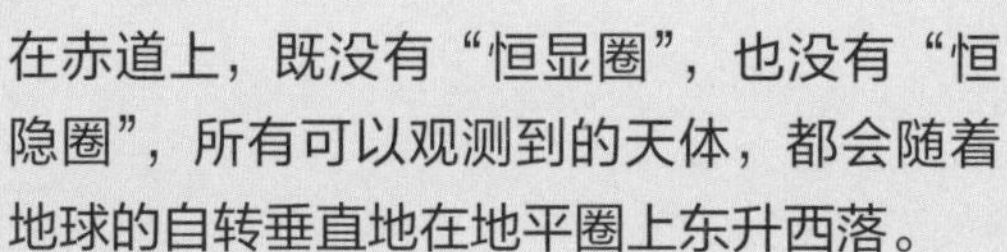

在赤道上，既没有“恒显圈”，也没有“恒隐圈”，所有可以观测到的天体，都会随着地球的自转垂直地在地平圈上东升西落。

崔先生望着远方的地平线。

“张衡怎么还不来呀？他是不是忘了今天的约定了？”

邓将军神气地一抹鼻子，说：“哈哈，这个张衡昨天大话说过了头，都不敢露面了。”

白天星星都去哪儿了？ 其实，星星无时无刻不在亮着，只是因为白天太阳的光芒有一部分散射在大气中，天空会变得非常明亮，相比较之下，星星的光就显得暗了许多，在强烈阳光的掩盖下，我们就看不见星星了。

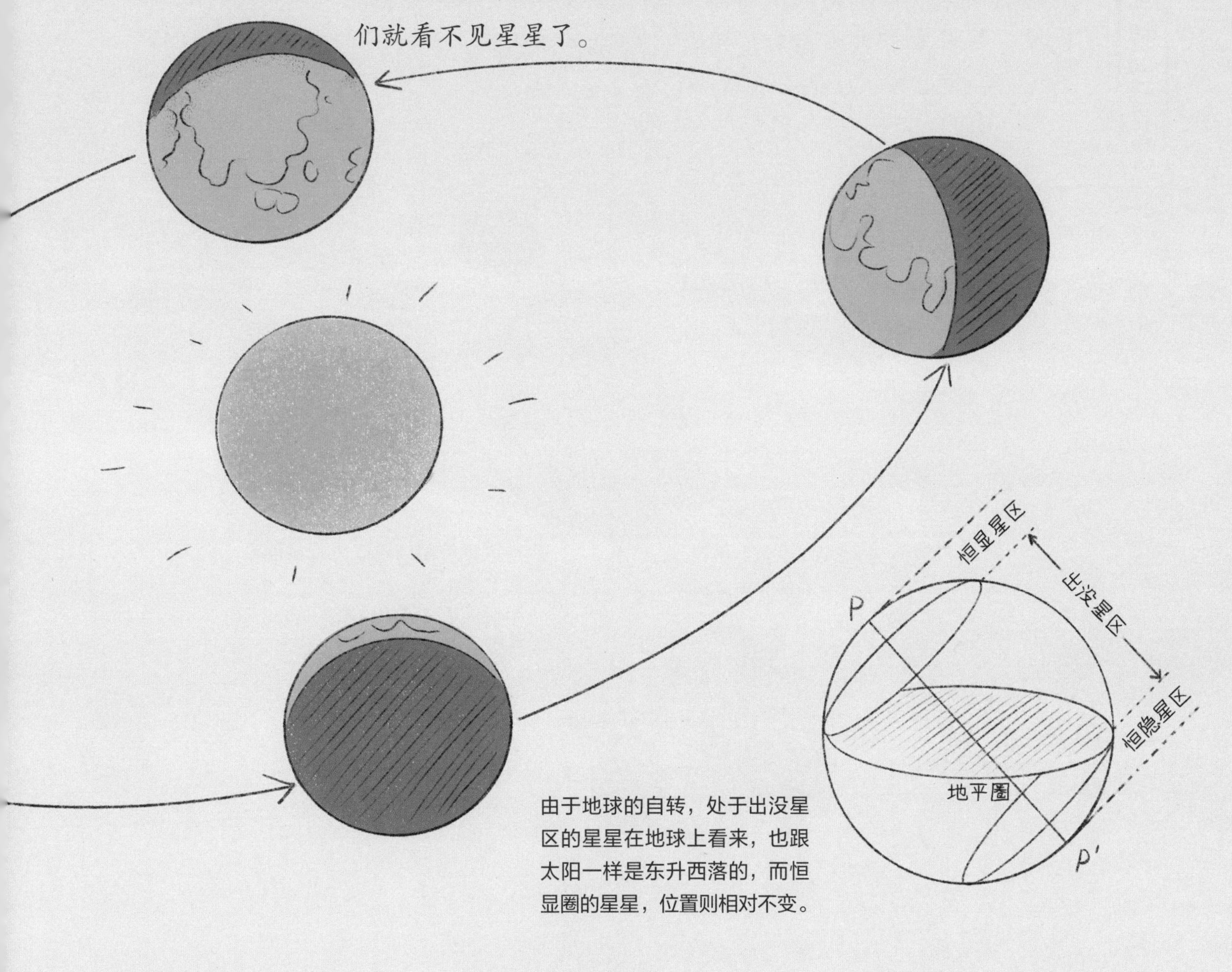

由于地球的自转，处于出没星区的星星在地球上看来，也跟太阳一样是东升西落的，而恒显圈的星星，位置则相对不变。

“我早就说过了，世界上根本不可能有这么神奇的东西。”

他边说着，边朝旁边的“大石头”靠去。

“你们可都看见了啊，可不是我抵赖，是他自己……哎哎哎！”

水转浑象动力源

水转浑象，顾名思义，是靠水来运转的，而这个水就来自于漏壶。水转浑象用一套齿轮传动机械，将浑象和漏壶结合起来，用漏壶流水来控制浑象，使它跟天上的星辰同步转动。

水转浑象使用的漏壶为二级浮漏，即两个泄水壶、一个受水壶。泄水壶中的水量需要时常有人查看，随时补充，以保证泄水的速度不会越来越慢。

邓将军的肩膀刚碰到“石头”表面，忽然背后一空，竟重心不稳，摔了个四脚朝天。

紧接着，只听身后“哗啦”一声，破布应声滑落，露出一台大型机械来。

只见那机械分左、中、右三个部分。左边是一个巨大的铜漏壶，中间则是一个水轮。铜壶滴水，带动着水轮缓缓转动。

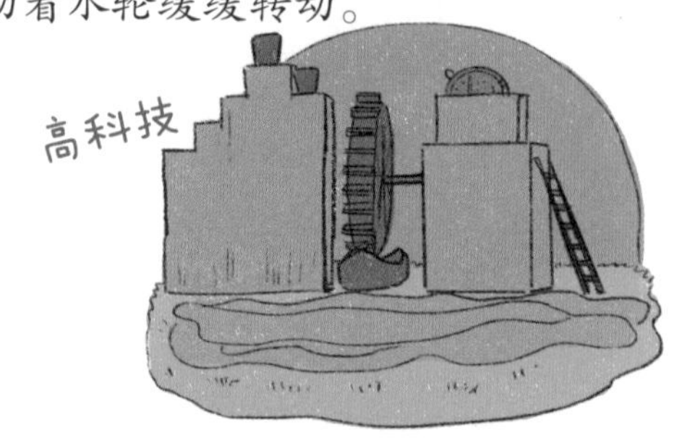

汉朝人“夜观天象”都是在哪儿观的？ 汉朝是我国历史上一个战乱较少，经济、文化比较发达的时期。那时，人们崇尚科学，国家建有观测天文和气象的场所——灵台（位于今天河南省洛阳市汉魏故城南郊），供大家观测。

泄水壶里没水了，我再来添点。
在转的，大人。
在高处看东西看得就是远！
上面情况如何？

齿轮：圆形的机械构件，边缘分布有一圈轮齿，通过轮齿互相咬合来起到传递动力的作用。

右边的台子上放着一台精巧的铜制球形仪器，铜球上绘制着各种星宿的图案，也随水轮慢慢地旋转着。

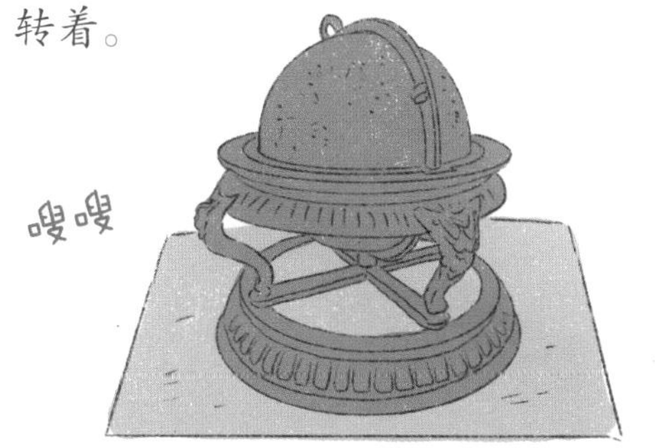

众人一个个惊讶得大张着嘴巴：“哇！哇！哇！”

张衡从台子后面探出个脑袋：“嘿嘿，被你们发现啦！”

漏壶

组成水转浑象的漏壶也叫漏刻，是我国古代的一种计时工具，比较常见的有沉漏和浮漏两种。水从漏壶的孔里流出，漏壶中的浮箭（一根刻有时刻的标尺）随着水的减少而下降，浮箭上的刻度可以表示时间。

你别把壶摔了。
听说是为了放漏壶的，这漏壶有两级呢。
唉，大人让咱们做这么多台子干什么？
大人急着要漏壶呢，快走快走！
木台：用来放置漏壶。根据漏壶级数，需打造相应级数的木台。
新锯子好用吗？
肯定比旧的好用啊。

如何解决单只漏壶时间不准的问题？

古人发明了多级漏壶，也就是使用多只漏壶，上下依次串联成为一组，每只漏壶依次向它下面的那只漏壶中滴水。这样一来，对最下方的漏壶来说，因为上方的漏壶以同样的速度补充水，壶内的水位基本保持恒定，所以其自身的滴水速度也就能保持均匀。

他清清嗓子，迈过横在脚边的邓将军，拿着一根小木棍，指向铜球。

“此物乃水转浑象，是由我张衡独家研制成功的哟！”

他看着还躺在地上的邓将军说：“劳您大驾，看看我这浑象上面显示的天象，跟天上的星星是不是一样？”

邓将军哼了一声，拍拍身上的土站起来，爬上了放置浑象的台子。

他盯着浑象上刻画的各路星宿，又抬头望望夜空，忽然呆住了。

那浑象上显示的天象，竟跟天上每一颗星星所在的位置丝毫不差！

水转浑象进阶版——水力浑天仪

在水转浑象之后，唐朝著名的天文学家、佛学家一行和梁令瓒在水转浑象的基础上，共同设计了水力浑天仪。这个仪器一半放在水柜里，另一半露在水面上，水柜上面还有撞钟。除了能够演示天象外，还可以自动报时。

张衡到底做了个什么官？ 张衡曾两度担任掌管天文历法的太史令。他精通天文历法，通过无数次观测、研究天象，创制出了观测、演示星象运行的水转浑象。

可以说，水转浑象几乎完整地演示了浑天说思想。它所用的两级漏壶，是现今所知最早的关于两级漏壶的记载。

站在下面的吃瓜群众见邓将军呆若木鸡地立在上面，也按捺不住内心的好奇，纷纷挤上台子。

顿时，惊叹之声连绵不绝。

邓将军被人群左推右搡，竟给挤了下来，摔了个大跟头。

张衡走到邓将军身边，笑眯眯道：“怎么样？你还有什么话说吗？”

邓将军满脸堆笑道：“我早就说过，世界上只有你张衡能造出这么神奇的东西。”

“你看，这些人都是我特意拉来给你加油鼓劲儿的。”

天文观测仪器

水转浑象终极版——水运仪象台

时间又过去几百年，到了北宋，苏颂和韩公廉在前人的基础上，进一步改造出了“水运仪象台”。这种仪器利用恒定的水流作为动力，是一种集报时、天文观测、星象演示等多功能于一体的大型天文仪器。它的出现标志着中国古代天文仪器制造史上的高峰，被誉为世界上最早的天文钟。

水运仪象台的前世今生：水运仪象台运转了30多年，由于北宋灭亡，仪器被金人抢走运往北方而毁坏。此后，水运仪象台便再无音讯。目前我国已成功复原1∶1的几台水运仪象台，分别收藏在福建、河南等地。

哎？我桶呢？
不会被什么东西钩住了吧？

他话音刚落，参观浑象的人们忽然一窝蜂地冲下台子，把张衡里里外外给围了起来。

他们边围边喊：“衡衡！给我签个名吧！给我签个名吧！”

衡衡！

张衡搬出一摞书：“我早就准备好啦，这是我新写的《浑天仪注》，上面是我的一些研究和想法。”

“咱们现场签字送书，你们一个一个来，别抢，别抢啊！”

邓将军刚要站起来，结果被这乌泱泱的人群又给推趴下了。

哎哟！

他只能像鸵鸟似的捂住脑袋，庆幸有身铠甲可以防护。

别踩脸！

木制框架高约12米，台基长、宽约7米，上窄下宽，共分上、中、下三层。

上层为浑仪，用于观测日月星辰的位置。

中层为浑象，用于演示星象变化。

下层为动力装置和计时、报时机构，通过齿轮传动与浑仪、浑象相连，使各层装置环环相扣，与天体同步运行。

我是浑仪，用我可以观测星空。
我是浑象，用我可以模拟星象。
我是计时的，也是漏水的，浑象运转全靠我。
是啊是啊！
有了这个，观测天象更方便啦！

张衡的其他发明

在地震学方面，张衡创制了世界上第一架地震仪——候风地动仪。候风地动仪可以在地震发生后，在很远的地方判断地震发生的方位。整个候风地动仪由青铜制造，表面还有篆文、山、龟等纹样。仪器内部设有“柱”“道”等机关；仪器外部则均匀分布着分管不同方向的八条龙，每个龙头下面都蹲着一只蟾蜍。

铜球掉进哪个蟾蜍嘴里，就说明哪边地震了。
哟，这么神奇！
球球掉我嘴里面，啊——
哈哈，这孩子！

中国地震带：我国位于世界两大地震带——环太平洋地震带与欧亚地震带之间，受太平洋板块、印度板块和菲律宾海板块的挤压，地震断裂带十分活跃。

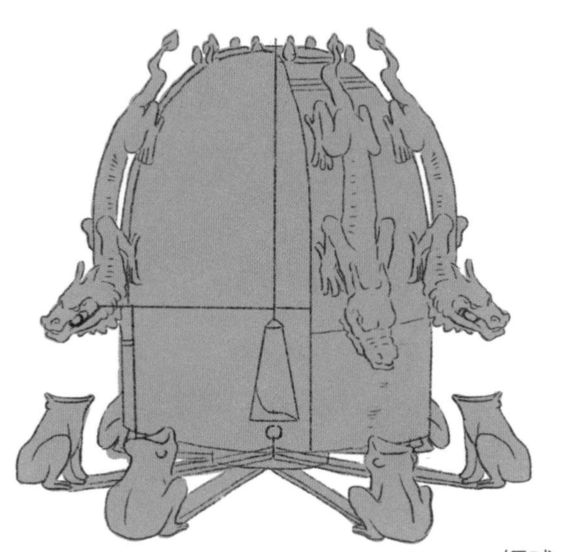

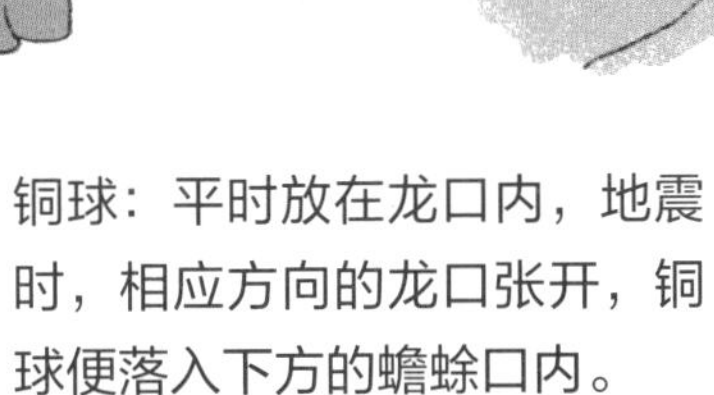

柱：候风地动仪的中枢部分，一旦发生地震，柱就会因震动朝地震的方向偏移，触动八个“道”中的一道“机”。
机：地动仪内机关。受到柱的触动后，拉动龙口，使龙口张开。
铜球：平时放在龙口内，地震时，相应方向的龙口张开，铜球便落入下方的蟾蜍口内。

从此，张衡能模拟天象的事情便传开了，全国的天文爱好者都想一睹漏水转浑天仪的风采。

一传十，十传百！

有人认为，张衡之所以这么神，是因为他懂星星语，每天晚上都偷听星星们说话。

我跟你说，我明天……

有人认为，张衡能够穿越时空，不光知道星星会怎么移动，还知道未来要发生的事情。

还有人认为，张衡其实根本就是大星宿下凡，那天上的星星，都是要听他差遣的。

他每走到一个地方，身旁都有一大群粉丝在尖叫。

看！是衡衡！

搞得他每次出门，都恨不得套个麻袋，生怕别人认出他来！

别看我。我不是，别瞎说

中国古代的天文探索

中国科学院自然科学史研究所原副研究员、科技史博士　史晓雷

约公元130年，张衡发明了水转浑象，把浑象与西汉时期的铜壶滴漏结合起来，模拟实际天象。

到了唐朝，僧一行与梁令瓒合作设计制造了水力浑天仪，其本质仍是水转浑象，但是增加了一些报时装置，可以按刻击鼓、按辰撞钟。

到了北宋，由苏颂、韩公廉制造的水运仪象台，利用水力驱动浑仪、浑象及一系列的报时装置。

浑仪的发展史
浑仪的制造起始于西汉的落下闳，到了唐朝，天文学家李淳风设计了一架比较精密完善的浑天黄道仪。元朝的天文学家郭守敬将其简化，创制了简仪。中国现存最早的浑仪制造于明朝，如今陈列在南京紫金山天文台。

小小发明家实验室

张衡根据落下闳发明的浑仪，制造出了浑象，浑象能够准确模拟当时洛阳上空的星宿布局，而且还是水力传动，都不用动手，真是不服都不行啊！不过，想要我们自己做出一台浑象来，那就太难为人了。所以今天的实验，我来教大家做一个简易的经纬仪！

准备材料： 一张厚白纸、红笔、黑笔、直尺、竹扦、剪子或裁纸刀。

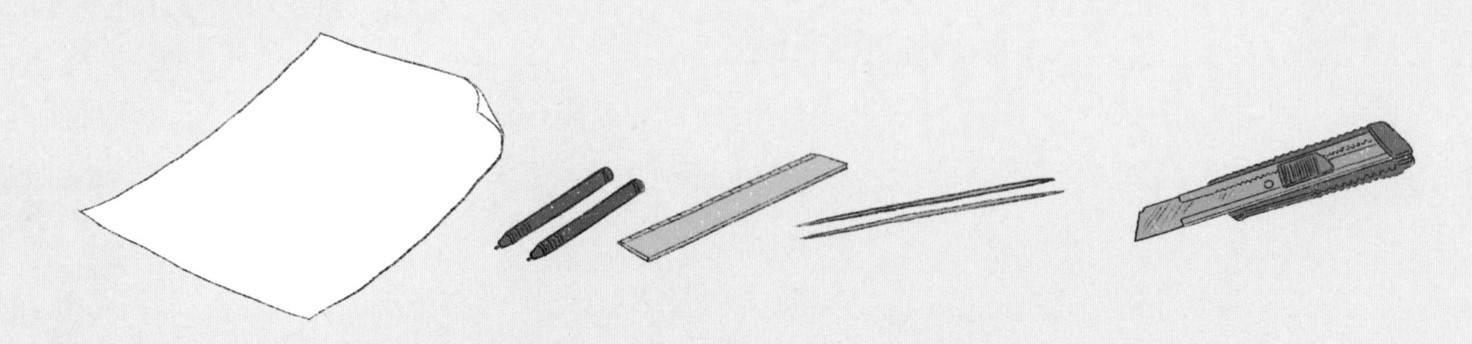

第一步： 用直尺画出经纬格，红线表示经线，并标注东西经度数。黑线表示纬线，以赤道为界，上、下部分各平分成三份，分别标注南北纬30度、60度、90度。(纵向的和最上面、最下面的黑线是切割线，图中黑点是竹扦穿过的位置。括号内部分在图上标明，不用写文字。)

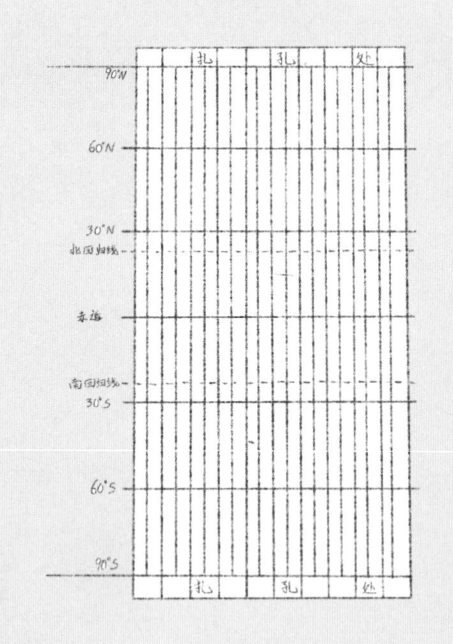

第二步： 用裁纸刀或剪子沿纵向和上下两条黑线裁剪。

第三步： 按顺序将竹扦穿过纸条顶端的黑点（如果怕顺序错乱，可以预先在不显眼的地方标上A、B、C）。

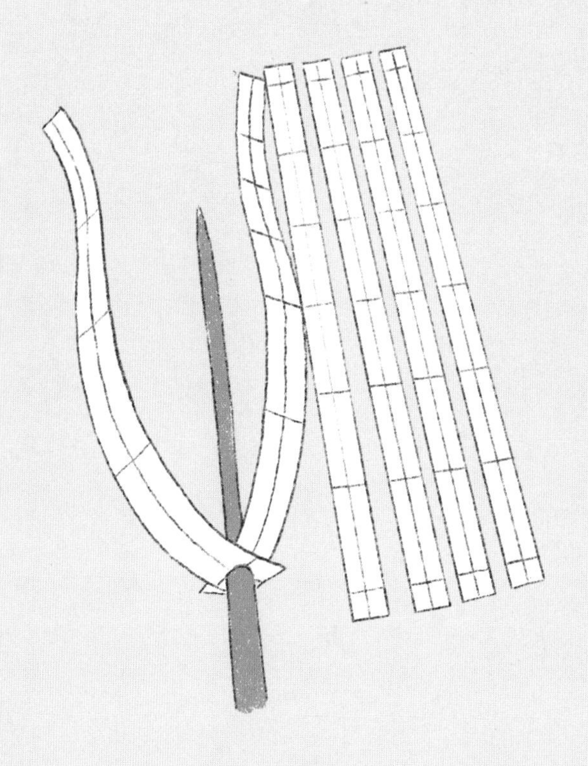

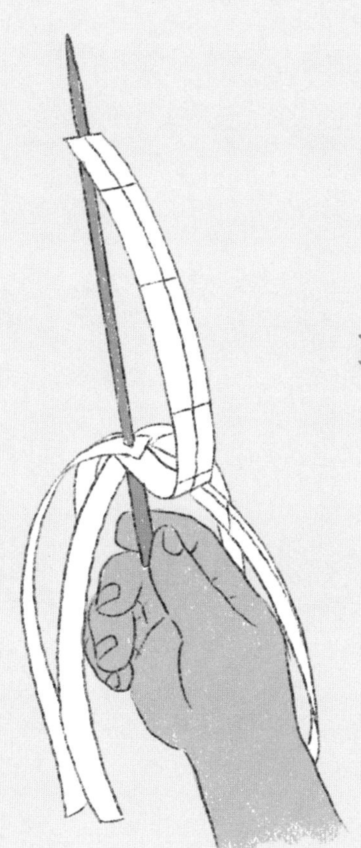

第四步： 依然按顺序将竹扦穿过纸条底端的黑点。

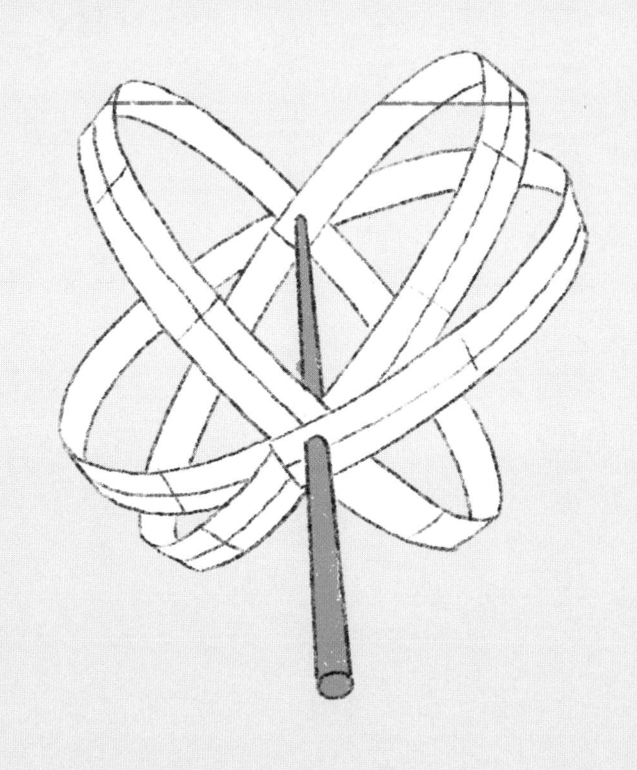

第五步： 顶端穿好后，按照合适的角度调整纸条位置，一个简易的经纬仪就做好啦。

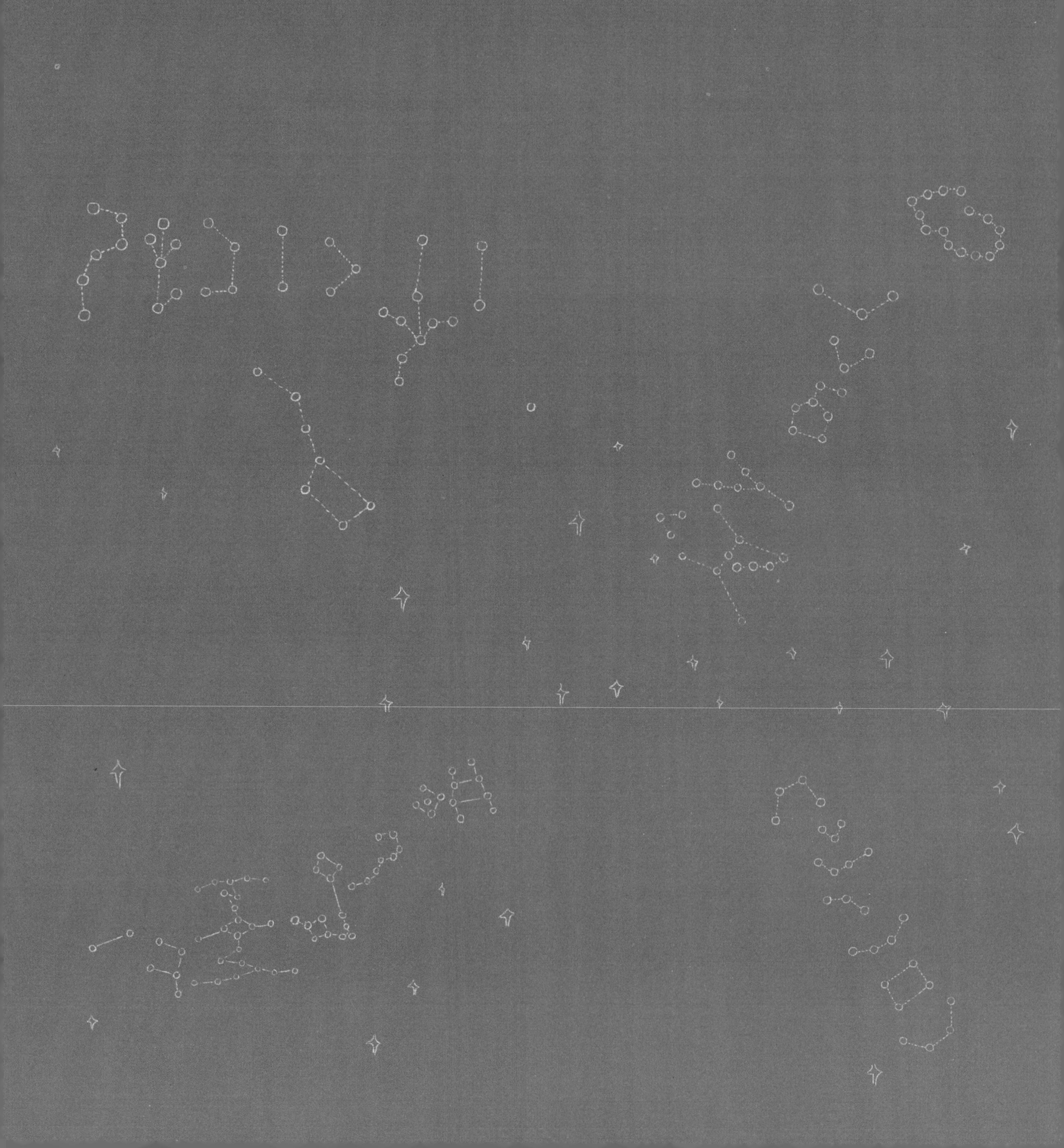